DR. NATANAEL VALENZUELA

ACUERDOS PARA PAREJAS

UNA FAMILIA UNIDA PERMANECE UNIDA

CONTENIDO

ACUERDOS PARA PAREJAS

Como pareja ustedes pueden ayudarse mutuamente y darse la oportunidad de tener el mejor matrimonio o relación del mundo. Una vez ustedes dan a Jesus la oportunidad de ser el centro de su relación comiencen a poner todas las cargas sobre El. Debemos comprender que cuando nos unimos en matrimonio somos una sola care y coo una sola carne.

¿Qué significa dejar?

El sentido de la palabra en este verso establece una determinación y un cambio de dirección. Es cambiar completa y absolutamente de vida al desprenderse de lo que más ama hasta este momento para cambiar de destino. En los tiempos bíblicos la palabra dejar se usa solamente con el hombre porque era responsabilidad del hombre tomar esposa y las esposas eran entregadas generalmente por los padres. En tiempos actuales la situación es diferente. En nuestra cultura occidental nosotros decidimos la pareja que vamos a tener y esto nos hace reflexionar en el término "Dejar" y de igual manera tenemos que situarnos en ambos géneros.

Para poder lograr la unidad y la condición unicarnica debemos dar a nuestra pareja prioridad sobre:

a. Nuestra familia previa

b. Trabajo

c. Amigos

d. Hijos

e. Carreras

f. Deseos

g. Pasiones

h. Compromisos previos, presentes o futuros

Es una decisión que debemos de tomar antes de tratar o de intentar llegar a ser uno y formar una sola carne.

Este es un momento para identificar qué aspectos de mi vida son más importantes que mi pareja. Pienso por un instante de las cosas que he se han mencionado en este capítulo. Cuáles pueden ser uno conmigo? Puede mi padre o mi madre ser una carne conmigo? ¿Podrá alguno de mis hijos ser una carne o unirse conmigo para toda la vida?

¿Puede mi carrera o mis estudios, mi trabajo o mis pasiones ser uno conmigo? ¿Será posible que mis amigos que tanto se preocupan por mi puedan ser uno conmigo "para toda la vida y hasta que la muerte nos separe"?

Ahora que estamos juntos debemos entregarnos de una forma que mantengamos esa unión hasta que la muerte nos separe.

Dr. Natanael Valenzuela

REGLAS DEL PLANIFICADOR

El propósito de este manual es que la pareja desarrolle actividades que promueven la afinidad y la comunicación entre los miembros. La forma más práctica de hacer estas actividades fluye de la siguiente manera.

A. Usando un calendario, marquemos como prioridad las actividades que queremos realizar y marquemos la fecha en todos los calendarios.

B. El día de la reunión nos disponemos para estar presente totalmente en la reunión. Presente totalmente significa que no hay distracción de ningún tipo.

C. Elegimos una persona que dirige la reunión (podemos tomar turnos y si es posible asignarlo en cada reunión para la reunión próxima)

D. La Persona encargada de la reunión:

• Comenzamos con una oración para asegurar que la reunión fluya de una manera espiritual.

• Leemos el texto cabeza de la reunión.

• Presenta las reglas de la reunión:

>   I. No interrumpir.
>   II. No celulares.
>   III. No abandonar la reunión
>   IV. Presente totalmente.
>   V. Escribir y hablar con amor.

• Presenta el tema y explica de que se trata.

• Se produce una conversación entre ambos por cada una de las conversaciones...

• Seguir las conversaciones con altura, respeto y honor

• Nos abrazamos y hacemos una oración de gratitud.

1
Pasaje de hoy

7 *"Cuéntame, amor de mi vida, ¿dónde apacientas tus rebaños?, ¿dónde a la hora de la siesta los haces reposar? ¿Por qué he de andar vagando entre los rebaños de tus amigos?"*

Cantares 1:7 |NVI||

Reflexiones

_____

_____

_____

_____

_____

_____

_____

tema de hoy

Cosas que quiero que sepas sobre mí

Reflexiones

_____
_____
_____
_____
_____
_____
_____
_____

Agradecimientos

Motivos de oración

Decisiones del tema

_____
_____
_____
_____
_____
_____

Ideas

_____
_____
_____
_____
_____
_____
_____
_____
_____

2

Pasaje de hoy

11 "Si dos se acuestan juntos, mutuamente se calientan;
Pero uno solo no puede calentarse.
12 Uno solo puede ser vencido, pero dos presentan resisten-
cia. El cordón de tres hilos no se rompe fácilmente".

Eclesiastés 4:11-12 (RVC)|

Reflexiones

_____
_____
_____
_____
_____
_____
_____
_____

tema de hoy

Temas favoritos de conversación

Reflexiones

_____
_____
_____
_____
_____
_____
_____
_____

Agradecimientos

_____
_____
_____
_____
_____
_____

Motivos de oración

_____
_____
_____
_____
_____
_____
_____
_____
_____

Decisiones del tema

_____
_____
_____
_____
_____
_____
_____

Ideas

_____
_____
_____
_____
_____
_____
_____
_____
_____

3

Pasaje de hoy

19 *"Cómo planea el águila por el cielo, cómo se desliza la serpiente sobre la roca, cómo navega el barco en el océano, y cómo ama el hombre a la mujer".*

Proverbios 30:19 (NTV)

Reflexiones

_____
_____
_____
_____
_____
_____
_____
_____

tema de hoy

Lugares a visitar

Reflexiones

_____
_____
_____
_____
_____
_____
_____
_____

Agradecimientos

_____

_____

_____

_____

_____

Motivos de oración

_____

_____

_____

_____

_____

_____

_____

_____

Decisiones del tema

_____
_____
_____
_____
_____
_____

Ideas

_____
_____
_____
_____
_____
_____
_____
_____

4

Pasaje de hoy

"De la misma manera, ustedes, los esposos, sean comprensivos con ellas en su vida matrimonial. Hónrenlas, pues como mujeres son más delicadas, y además, son coherederas con ustedes del don de la vida. Así las oraciones de ustedes no encontrarán ningún estorbo."

1 Pedro 3:7 (RVC)

Reflexiones

_____

_____

_____

_____

_____

_____

_____

_____

tema de hoy

Valores que veo en ti

Reflexiones

_____
_____
_____
_____
_____
_____
_____
_____

Agradecimientos

_____

_____

_____

_____

_____

Motivos de oración

_____

_____

_____

_____

_____

_____

_____

Decisiones del tema

_____
_____
_____
_____
_____
_____
_____

Ideas

_____
_____
_____
_____
_____
_____
_____
_____
_____

5

Pasaje de hoy

"14 Por encima de todo, vístanse de amor, que es el vínculo perfecto.

15 Que gobierne en sus corazones la paz de Cristo, a la cual fueron llamados en un solo cuerpo. Y sean agradecidos."

Colosenses 3:14-15 (NVI)

Reflexiones

_____

_____

_____

_____

_____

_____

_____

_____

tema de hoy

Áreas que necesitamos mejorar

Reflexiones

Agradecimientos

_____

_____

_____

_____

_____

_____

Motivos de oración

_____

_____

_____

_____

_____

_____

_____

_____

_____

Decisiones del tema

Ideas

6

Pasaje de hoy

"24 Por eso el hombre deja a su padre y a su
madre, y se une a su mujer, y los dos se funden en
un solo ser.[a]"

Génesis 2:24 (NVI)

Reflexiones

_____
_____
_____
_____
_____
_____
_____
_____

tema de hoy

Versos bíblicos sobre pareja

Reflexiones

_____
_____
_____
_____
_____
_____
_____
_____
_____

Agradecimientos

_____

_____

_____

_____

_____

Motivos de oración

_____

_____

_____

_____

_____

_____

_____

_____

Decisiones del tema

_____

_____

_____

_____

_____

_____

Ideas

_____

_____

_____

_____

_____

_____

_____

7

Pasaje de hoy

"4 La mujer ejemplar[a] es corona de su esposo; la desvergonzada es carcoma en los huesos."

Proverbios 12:4 (NVI)

Reflexiones

_____
_____
_____
_____
_____
_____
_____
_____

tema de hoy

Personajes que nos inspiran

Reflexiones

_____

_____

_____

_____

_____

_____

_____

_____

Agradecimientos

_____
_____
_____
_____
_____
_____

Motivos de oración

_____
_____
_____
_____
_____
_____
_____
_____

Decisiones del tema

_____

_____

_____

_____

_____

_____

Ideas

_____

_____

_____

_____

_____

_____

_____

_____

8

Pasaje de hoy

"6 Cuán bella eres, amor mío, ¡cuán encantadora en tus delicias!"

Cantares 7:6 (NVI)

Reflexiones

_____
_____
_____
_____
_____
_____
_____
_____

tema de hoy

Reflexiones

_____
_____
_____
_____
_____
_____
_____
_____

Agradecimientos

_____

_____

_____

_____

_____

_____

Motivos de oración

_____

_____

_____

_____

_____

_____

_____

_____

_____

Decisiones del tema

_____
_____
_____
_____
_____
_____

Ideas

_____
_____
_____
_____
_____
_____
_____

9

Pasaje de hoy

"9 Dos son mejor que uno, porque sacan más provecho de sus afanes.
10 Si uno de ellos se tropieza, el otro lo levanta.
¡Pero ay de aquel que tropieza y no hay quien lo levante!"

Eclesiastés 4:9-10 (RVC)

Reflexiones

_____
_____
_____
_____
_____
_____
_____
_____

tema de hoy

Sueños que tengo

Reflexiones

_____
_____
_____
_____
_____
_____
_____
_____

Agradecimientos

_____
_____
_____
_____
_____

Motivos de oración

_____
_____
_____
_____
_____
_____
_____
_____
_____

Decisiones del tema

_____
_____
_____
_____
_____
_____

Ideas

_____
_____
_____
_____
_____
_____
_____
_____

10

Pasaje de hoy

*"3 En el seno de tu hogar, tu esposa será como vid
llena de uvas; alrededor de tu mesa, tus hijos serán
como vástagos de olivo.
4 Tales son las bendiciones de los que temen al Señor."*

Salmos 128:3-4 (NVI)

Reflexiones

_____

_____

_____

_____

_____

_____

_____

_____

_____

tema de hoy

Sueños que tienes

Reflexiones

_____
_____
_____
_____
_____
_____
_____
_____

Agradecimientos

_____

_____

_____

_____

_____

_____

Motivos de oración

_____

_____

_____

_____

_____

_____

_____

_____

Decisiones del tema

_____
_____
_____
_____
_____
_____
_____

Ideas

_____
_____
_____
_____
_____
_____
_____
_____
_____
_____

11

Pasaje de hoy

"22 Esposas, sométanse a sus propios esposos como al Señor"

Efesios 5:22 (NVI)

Reflexiones

_____
_____
_____
_____
_____
_____
_____

tema de hoy

Reflexiones

_____
_____
_____
_____
_____
_____
_____
_____

Agradecimientos

_____

_____

_____

_____

_____

Motivos de oración

_____

_____

_____

_____

_____

_____

_____

Decisiones del tema

_____
_____
_____
_____
_____
_____

Ideas

_____
_____
_____
_____
_____
_____
_____
_____

12
Pasaje de hoy

"28 Así mismo el esposo debe amar a su esposa como a su propio cuerpo. El que ama a su esposa se ama a sí mismo, 29 pues nadie ha odiado jamás a su propio cuerpo; al contrario, lo alimenta y lo cuida, así como Cristo hace con la iglesia"

Efesios 5:28-29 (NVI)

Reflexiones

_____

_____

_____

_____

_____

_____

_____

_____

tema de hoy

Personas que necesitan nuestra ayuda

Reflexiones

_____
_____
_____
_____
_____
_____
_____
_____
_____

Agradecimientos

_____
_____
_____
_____
_____
_____

Motivos de oración

_____
_____
_____
_____
_____
_____
_____
_____

Decisiones del tema

_____
_____
_____
_____
_____
_____
_____

Ideas

_____
_____
_____
_____
_____
_____
_____
_____
_____

13

Pasaje de hoy

"22 El hombre que haya esposa encuentra un tesoro, y recibe el favor del Señor."

Proverbios 18:22 (NTV)

Reflexiones

_____
_____
_____
_____
_____
_____
_____
_____

tema de hoy

Reflexiones

_____
_____
_____
_____
_____
_____
_____
_____

Agradecimientos

_____

_____

_____

_____

_____

_____

Motivos de oración

_____

_____

_____

_____

_____

_____

_____

_____

_____

Decisiones del tema

_____
_____
_____
_____
_____
_____

Ideas

_____
_____
_____
_____
_____
_____
_____
_____

14

Pasaje de hoy

"16 Mi amado es mío, y yo soy suya. Él apacienta entre los lirios."

Cantares 2:16 (NTV)

Reflexiones

_____
_____
_____
_____
_____
_____
_____
_____
_____

tema de hoy

Reflexiones

_____
_____
_____
_____
_____
_____
_____
_____

Agradecimientos

_____

_____

_____

_____

_____

_____

Motivos de oración

_____

_____

_____

_____

_____

_____

_____

_____

_____

Decisiones del tema

_____
_____
_____
_____
_____
_____

Ideas

_____
_____
_____
_____
_____
_____
_____
_____

15

Pasaje de hoy

"6 pero desde el principio de la creación "Dios los hizo hombre y mujer"[a]."

Marcos 10:6 (NTV)

Reflexiones

_____

_____

_____

_____

_____

_____

_____

_____

tema de hoy

Restaurantes favoritos

Reflexiones

_____
_____
_____
_____
_____
_____
_____
_____
_____

Agradecimientos

_____

_____

_____

_____

_____

Motivos de oración

_____

_____

_____

_____

_____

_____

_____

_____

_____

Decisiones del tema

_____
_____
_____
_____
_____
_____

Ideas

_____
_____
_____
_____
_____
_____
_____
_____
_____

16

Pasaje de hoy

"19 Es una gacela amorosa, es una cervatilla encantadora. ¡Que sus pechos te satisfagan siempre! ¡Que su amor te cautive todo el tiempo!"

Proverbios 5:19 (NVI)

Reflexiones

_____
_____
_____
_____
_____
_____
_____
_____

tema de hoy

Posiciones sexuales

Reflexiones

Agradecimientos

_____

_____

_____

_____

_____

Motivos de oración

_____

_____

_____

_____

_____

_____

_____

Decisiones del tema

_____
_____
_____
_____
_____

Ideas

_____
_____
_____
_____
_____
_____
_____
_____

17

Pasaje de hoy

"Date buena vida con la mujer que amas en los fugaces días de la vida, pues la esposa que Dios te da es la mejor recompensa, por tu trabajo aquí en la tierra!"

Eclesiastés 9:9 (BD)

Reflexiones

_____

_____

_____

_____

_____

_____

_____

_____

tema de hoy

Cosas que puedo hacer bien

Reflexiones

_____
_____
_____
_____
_____
_____
_____

Agradecimientos

_____

_____

_____

_____

_____

Motivos de oración

_____

_____

_____

_____

_____

_____

_____

Decisiones del tema

_____
_____
_____
_____
_____
_____
_____

Ideas

_____
_____
_____
_____
_____
_____
_____
_____
_____

18

Pasaje de hoy

"14 Que el Señor los bendiga ricamente, tanto a ustedes como a sus hijos"

Salmos 115:14 (NTV)

Reflexiones

_____
_____
_____
_____
_____
_____
_____
_____

tema de hoy

Cosas que puedes hacer bien

Reflexiones

_____
_____
_____
_____
_____
_____
_____
_____

Agradecimientos

_____

_____

_____

_____

_____

Motivos de oración

_____

_____

_____

_____

_____

_____

_____

_____

Decisiones del tema

_____
_____
_____
_____
_____
_____
_____

Ideas

_____
_____
_____
_____
_____
_____
_____
_____
_____

19

Pasaje de hoy

""Así que, repito, el esposo debe amar a su esposa como parte de sí mismo; y la esposa debe tratar de respetar a su esposo, obedeciéndolo, alabándolo y honrándolo""

Efesios 5:33 (BD)

Reflexiones

_____
_____
_____
_____
_____
_____
_____
_____

tema de hoy

Servicios comunitarios que podemos realizar

Reflexiones

_____
_____
_____
_____
_____
_____
_____
_____

Agradecimientos

_____
_____
_____
_____
_____
_____

Motivos de oración

_____
_____
_____
_____
_____
_____
_____
_____
_____

Decisiones del tema

_____
_____
_____
_____
_____
_____

Ideas

_____
_____
_____
_____
_____
_____
_____
_____

20
Pasaje de hoy

"Pero a los que están unidos en matrimonio, mando, no yo sino el Señor: Que la mujer no se separe del marido; y si se separa, quédese sin casar, o reconcíliese con su marido; y que el marido no abandone a su mujer"

1 Corintios 7:10,11 (RVRO)

Reflexiones

_____

_____

_____

_____

_____

_____

_____

_____

tema de hoy

Mensajes de texto que quiero enviarte

Reflexiones

_____
_____
_____
_____
_____
_____
_____
_____

Agradecimientos

_____

_____

_____

_____

_____

Motivos de oración

_____

_____

_____

_____

_____

_____

_____

_____

Decisiones del tema

_____
_____
_____
_____
_____
_____

Ideas

_____
_____
_____
_____
_____
_____
_____
_____
_____

21

Pasaje de hoy

"Esposas, sométanse a sus esposos, pues éste es su deber como creyentes en el Señor. Esposos, amen a sus esposas, y no las traten con aspereza"

Colosenses 3:18,19 (VP)

Reflexiones

_____
_____
_____
_____
_____
_____
_____
_____

tema de hoy

Necesidades Financieras

Reflexiones

_____
_____
_____
_____
_____
_____
_____
_____

Agradecimientos

_____

_____

_____

_____

_____

Motivos de oración

_____

_____

_____

_____

_____

_____

_____

Decisiones del tema

_____
_____
_____
_____
_____
_____

Ideas

_____
_____
_____
_____
_____
_____
_____
_____

22

Pasaje de hoy

"3 Tu gran amor lo tengo presente, y siempre ando en tu verdad"

Salmos 26:3 (NVI)

Reflexiones

_____
_____
_____
_____
_____
_____
_____
_____

tema de hoy

Personajes que nos inspiran

Reflexiones

_____
_____
_____
_____
_____
_____
_____
_____

Agradecimientos

_____

_____

_____

_____

_____

Motivos de oración

_____

_____

_____

_____

_____

_____

_____

Decisiones del tema

_____
_____
_____
_____
_____
_____

Ideas

_____
_____
_____
_____
_____
_____
_____
_____

23

Pasaje de hoy

"Calma tu sed con el agua que brota de tu propio pozo. ¡Bendita sea tu propia fuente! Goza con la compañera de tu juventud"

Proverbios 5:15,18 (VP)

Reflexiones

_____

_____

_____

_____

_____

_____

_____

_____

tema de hoy

Cosas por las que te agradezco

Reflexiones

_____
_____
_____
_____
_____
_____
_____

Agradecimientos

_____
_____
_____
_____
_____

Motivos de oración

_____
_____
_____
_____
_____
_____
_____
_____

Decisiones del tema

_____
_____
_____
_____
_____
_____
_____

Ideas

_____
_____
_____
_____
_____
_____
_____
_____
_____

24
Pasaje de hoy

"Cree en el Señor Jesucristo, y será salvo tú y tu familia"

Hechos 16:31 (VP)

Reflexiones

_____

_____

_____

_____

_____

_____

_____

_____

tema de hoy

Cosas que podemos hacer para Dios

Reflexiones

_____
_____
_____
_____
_____
_____
_____
_____

Agradecimientos

_____
_____
_____
_____
_____
_____

Motivos de oración

_____
_____
_____
_____
_____
_____
_____
_____

Decisiones del tema

_____
_____
_____
_____
_____
_____
_____

Ideas

_____
_____
_____
_____
_____
_____
_____
_____
_____

25

Pasaje de hoy

"Apréndete de memoria todas las enseñanzas que hoy te he dado, y repítelas a tus hijos a todas horas y en todo lugar: cuando estés en tu casa o en el camino, y cuando te levantes o cuando te acuestes."

Deuteronomio 6:6-7 (TLA)

Reflexiones

_____

_____

_____

_____

_____

_____

_____

_____

tema de hoy

Cosas que podemos hacer por/para nuestros hijos

Reflexiones

_____
_____
_____
_____
_____
_____
_____
_____

Agradecimientos

_____
_____
_____
_____
_____
_____

Motivos de oración

_____
_____
_____
_____
_____
_____
_____
_____
_____

Decisiones del tema

_____
_____
_____
_____
_____
_____
_____

Ideas

_____
_____
_____
_____
_____
_____
_____
_____
_____

26

Pasaje de hoy

"Y ustedes, los padres, no hagan de sus hijos unos resentidos; edúquenlos, más bien, instrúyanlos y corríjanlos como lo haría el Señor."

Efesios 6:4 (BLPH)

Reflexiones

---

tema de hoy

Mejores Amigos de la relación

Reflexiones

_____
_____
_____
_____
_____
_____
_____
_____

Agradecimientos

_____

_____

_____

_____

_____

_____

Motivos de oración

_____

_____

_____

_____

_____

_____

_____

_____

Decisiones del tema

_____
_____
_____
_____
_____
_____

Ideas

_____
_____
_____
_____
_____
_____
_____
_____
_____

27
Pasaje de hoy

"9 Por tanto, lo que Dios juntó, no lo separe el hombre."

Marcos 10:9 (RVR1960)

Reflexiones

_____
_____
_____
_____
_____
_____
_____
_____
_____

tema de hoy

Parejas de la biblia y sus enseñanzas

Reflexiones

_____
_____
_____
_____
_____
_____
_____
_____

Agradecimientos

_____
_____
_____
_____
_____
_____
_____

Motivos de oración

_____
_____
_____
_____
_____
_____
_____
_____
_____

Decisiones del tema

_____
_____
_____
_____
_____
_____
_____

Ideas

_____
_____
_____
_____
_____
_____
_____
_____
_____

28

Pasaje de hoy

"12 Le da ella bien y no mal. Todos los días de su vida."

Proverbios 31:12 (RVR1960)

Reflexiones

_____
_____
_____
_____
_____
_____
_____
_____
_____

tema de hoy

Cosas que aprendí de ti

Reflexiones

_____
_____
_____
_____
_____
_____
_____
_____

Agradecimientos

_____
_____
_____
_____
_____
_____

Motivos de oración

_____
_____
_____
_____
_____
_____
_____
_____
_____

Decisiones del tema

_____
_____
_____
_____
_____
_____
_____

Ideas

_____
_____
_____
_____
_____
_____
_____
_____
_____

29

Pasaje de hoy

"Por lo que toca a ustedes, padres, eduquen con tacto a sus hijos, para que no se desalienten."

Colosenses 3:21 (BLPH)

Reflexiones

---

tema de hoy

Actitudes que puedo mejorar

Reflexiones

_____
_____
_____
_____
_____
_____
_____
_____

Agradecimientos

_____
_____
_____
_____
_____
_____

Motivos de oración

_____
_____
_____
_____
_____
_____
_____
_____
_____

Decisiones del tema

Ideas

30

Pasaje de hoy

"4 El amor es sufrido, es benigno; el amor no tiene envidia, el amor no es jactancioso, no se envanece; 5 no hace nada indebido, no busca lo suyo, no se irrita, no guarda rencor; 6 no se goza de la injusticia, más se goza de la verdad."

1 Corintios 13:4-6 (RVR1960)

Reflexiones

_____
_____
_____
_____
_____
_____
_____
_____

tema de hoy

Gratos momentos que recuerdo

Reflexiones

_____
_____
_____
_____
_____
_____
_____
_____

Agradecimientos

_____

_____

_____

_____

_____

Motivos de oración

_____

_____

_____

_____

_____

_____

_____

_____

Decisiones del tema

_____
_____
_____
_____
_____
_____
_____

Ideas

_____
_____
_____
_____
_____
_____
_____
_____

31

Pasaje de hoy

"15 He aquí que tú eres hermosa, amiga mía; He aquí eres bella; tus ojos son como palomas."

Cantares 1:15 (RVR1960)

Reflexiones

_____

_____

_____

_____

_____

_____

_____

_____

tema de hoy

Cosas que admiro de nuestra relación

Reflexiones

_____
_____
_____
_____
_____
_____
_____
_____

Agradecimientos

_____
_____
_____
_____
_____

Motivos de oración

_____
_____
_____
_____
_____
_____
_____
_____

Decisiones del tema

_____
_____
_____
_____
_____
_____
_____

Ideas

_____
_____
_____
_____
_____
_____
_____
_____
_____

32

Pasaje de hoy

"9 Cautivaste mi corazón, hermosa mía, novia mía; me cautivaste con una sola mirada de tus ojos, con una sola cuenta de tu collar."

Cantares 4:9 (NBV)

Reflexiones

_____

_____

_____

_____

_____

_____

_____

_____

tema de hoy

Cosas que amo de Dios

Reflexiones

_____
_____
_____
_____
_____
_____
_____
_____

Agradecimientos

_____

_____

_____

_____

_____

Motivos de oración

_____

_____

_____

_____

_____

_____

_____

_____

Decisiones del tema

_____
_____
_____
_____
_____
_____

Ideas

_____
_____
_____
_____
_____
_____
_____
_____
_____

33

Pasaje de hoy

"*2 Bésame una y otra vez, pues tu amor es más dulce que el vino.*"

Cantares 1:2 (NBV)

Reflexiones

_____
_____
_____
_____
_____
_____
_____
_____

tema de hoy

Pasatiempos que podemos practicar

Reflexiones

_____
_____
_____
_____
_____
_____
_____
_____

Agradecimientos

_____
_____
_____
_____
_____

Motivos de oración

_____
_____
_____
_____
_____
_____
_____
_____
_____

Decisiones del tema

_____
_____
_____
_____
_____
_____
_____

Ideas

_____
_____
_____
_____
_____
_____
_____
_____
_____

34
Pasaje de hoy

"2 Si tengo el don de profecía y sé absolutamente de todo, y no tengo amor, no soy nada. Y si tengo una fe tan grande que puedo hacer que los montes cambien de lugar, de nada me servirá sin amor."

1 Corintios 13:2 (NBV)

Reflexiones

_____

_____

_____

_____

_____

_____

_____

_____

tema de hoy

Causas a la que podemos donar tiempo o dinero

Reflexiones

_____
_____
_____
_____
_____
_____
_____
_____

Agradecimientos

_____

_____

_____

_____

_____

Motivos de oración

_____

_____

_____

_____

_____

_____

_____

_____

Decisiones del tema

_____
_____
_____
_____
_____
_____
_____

Ideas

_____
_____
_____
_____
_____
_____
_____
_____

35

Pasaje de hoy

"4 El amor es paciente, es benigno; el amor no es envidioso; el amor no es presumido ni orgulloso;"

1 Corintios 13:4 (NBV)

Reflexiones

_____

_____

_____

_____

_____

_____

_____

_____

tema de hoy

Cosas que me gustan de ti

Reflexiones

_____
_____
_____
_____
_____
_____
_____
_____

Agradecimientos

_____

_____

_____

_____

_____

Motivos de oración

_____

_____

_____

_____

_____

_____

_____

Decisiones del tema

_____

_____

_____

_____

_____

_____

Ideas

_____

_____

_____

_____

_____

_____

_____

_____

36

Pasaje de hoy

"10 Cada corazón conoce su propia amargura, y ningún extraño puede compartir su alegría."

Proverbios 14:10 (NBV)

Reflexiones

_____
_____
_____
_____
_____
_____
_____
_____
_____

tema de hoy

Cosas que me gustan de mi

Reflexiones

_____
_____
_____
_____
_____
_____
_____
_____

Agradecimientos

_____
_____
_____
_____
_____

Motivos de oración

_____
_____
_____
_____
_____
_____
_____
_____
_____

Decisiones del tema

_____
_____
_____
_____
_____
_____
_____

Ideas

_____
_____
_____
_____
_____
_____
_____
_____
_____

37
Pasaje de hoy

"Dame a comer tu amor tus pasas y tus manzanas pues muero de amor. 6 Tiene su mano izquierda bajo mi cabeza y con la derecha me abraza."

Cantares 2:5-6 (NBV)

Reflexiones

_____
_____
_____
_____
_____
_____
_____
_____

tema de hoy

Lugares favoritos

Reflexiones

_____
_____
_____
_____
_____
_____
_____
_____

Agradecimientos

Motivos de oración

Decisiones del tema

_____
_____
_____
_____
_____
_____

Ideas

_____
_____
_____
_____
_____
_____
_____
_____

38

Pasaje de hoy

*"7 ¡Nada puede apagar las llamas del amor! ¡Nada, ni las
inundaciones ni las aguas abundantes del mar podrán
ahogarlo! Si alguien tratara de comprarlo con todo cuanto
tiene sólo lograría que le despreciaran."*

Cantares 8:7 (NBV)

Reflexiones

_____

_____

_____

_____

_____

_____

_____

_____

tema de hoy

Palabras que me definen

Reflexiones

_____
_____
_____
_____
_____
_____
_____
_____

Agradecimientos

_____
_____
_____
_____
_____

Motivos de oración

_____
_____
_____
_____
_____
_____
_____
_____

Decisiones del tema

_____
_____
_____
_____
_____
_____
_____

Ideas

_____
_____
_____
_____
_____
_____
_____
_____
_____

39
Pasaje de hoy

"14 Cualquier cosa que hagan, háganla con amor."

1 Corintios 16:14 (NBV)

Reflexiones

_____
_____
_____
_____
_____
_____
_____
_____

tema de hoy

Películas favoritas

Reflexiones

_____
_____
_____
_____
_____
_____
_____
_____

Agradecimientos

_____

_____

_____

_____

_____

Motivos de oración

_____

_____

_____

_____

_____

_____

_____

_____

_____

Decisiones del tema

_____

_____

_____

_____

_____

_____

_____

Ideas

_____

_____

_____

_____

_____

_____

_____

_____

_____

40
Pasaje de hoy

"17 Antes que amanezca y huyan las sombras, ven
a mí, amado mío, como una gacela o como un
ciervo en los montes de especias."

Cantares 2:17 (NBV)

Reflexiones

_____
_____
_____
_____
_____
_____
_____
_____

tema de hoy

Artistas favoritos

Reflexiones

_____
_____
_____
_____
_____
_____
_____
_____

Agradecimientos

_____

_____

_____

_____

_____

_____

Motivos de oración

_____

_____

_____

_____

_____

_____

_____

_____

Decisiones del tema

_____
_____
_____
_____
_____
_____

Ideas

_____
_____
_____
_____
_____
_____
_____
_____

41

Pasaje de hoy

"6 Llévame grabada en tu corazón como un tatuaje; llévame como un tatuaje grabada en tu piel. El amor es más fuerte que la muerte y la pasión más fuerte que el sepulcro [a]. Sus destellos son de fuego, como una llama divina"

Cantares 8:6 (PDT)

Reflexiones

_____
_____
_____
_____
_____
_____
_____
_____

tema de hoy

. Lugares de descanso

Reflexiones

_____
_____
_____
_____
_____
_____
_____
_____

Agradecimientos

_____
_____
_____
_____
_____
_____

Motivos de oración

_____
_____
_____
_____
_____
_____
_____
_____

Decisiones del tema

_____
_____
_____
_____
_____
_____
_____

Ideas

_____
_____
_____
_____
_____
_____
_____
_____

42
Pasaje de hoy

"3 Que el fiel amor y la lealtad nunca te abandonen.
Átalos a tu cuello, escríbelos en tu corazón"

Proverbios 3:3 (PDT)

Reflexiones

_____

_____

_____

_____

_____

_____

_____

_____

tema de hoy

Lugares donde me gusta que me acaricies

Reflexiones

Agradecimientos

_____

_____

_____

_____

_____

Motivos de oración

_____

_____

_____

_____

_____

_____

_____

Decisiones del tema

_____
_____
_____
_____
_____
_____

Ideas

_____
_____
_____
_____
_____
_____
_____
_____
_____

43

Pasaje de hoy

"14 Pero lo más importante de todo es que se amen unos a otros porque el amor es lo que los mantiene perfectamente unidos."

Colosenses 3:14 (PDT)

Reflexiones

_____
_____
_____
_____
_____
_____
_____
_____

tema de hoy

Libros Favoritos

Reflexiones

_____
_____
_____
_____
_____
_____
_____
_____

Agradecimientos

Motivos de oración

Decisiones del tema

_____
_____
_____
_____
_____
_____
_____

Ideas

_____
_____
_____
_____
_____
_____
_____
_____

44

Pasaje de hoy

"10 [a] Una mujer ejemplar [b], ¿quién la encontrará? ¡Vale mucho más que las piedras preciosas!"

Proverbios 31:10 (PDT)

Reflexiones

_____

_____

_____

_____

_____

_____

_____

_____

tema de hoy

Comidas favoritas

Reflexiones

_____
_____
_____
_____
_____
_____
_____
_____

Agradecimientos

_____
_____
_____
_____
_____
_____

Motivos de oración

_____
_____
_____
_____
_____
_____
_____
_____
_____

Decisiones del tema

_____
_____
_____
_____
_____
_____
_____
_____

Ideas

_____
_____
_____
_____
_____
_____
_____
_____
_____

45

Pasaje de hoy

"La gente recibe como herencia casas y dinero, pero una buena esposa es un regalo del SEÑOR"

Proverbios 19:14 (PDT)

Reflexiones

_____

_____

_____

_____

_____

_____

_____

tema de hoy

Canciones favoritas

Reflexiones

_____
_____
_____
_____
_____
_____
_____
_____

Agradecimientos

_____

_____

_____

_____

_____

_____

Motivos de oración

_____

_____

_____

_____

_____

_____

_____

_____

_____

Decisiones del tema

_____
_____
_____
_____
_____
_____

Ideas

_____
_____
_____
_____
_____
_____
_____
_____
_____

46

Pasaje de hoy

"Todos ustedes deben honrar su matrimonio, y ser fieles a sus cónyuges; pero a los libertinos y a los adúlteros los juzgará Dios."

Hebreos 13:4 (RVC)

Reflexiones

_____

_____

_____

_____

_____

_____

_____

_____

tema de hoy

Personas que admiro

Reflexiones

_____
_____
_____
_____
_____
_____
_____
_____

Agradecimientos

_____
_____
_____
_____
_____
_____

Motivos de oración

_____
_____
_____
_____
_____
_____
_____
_____

Decisiones del tema

_____
_____
_____
_____
_____
_____
_____

Ideas

_____
_____
_____
_____
_____
_____
_____
_____
_____

47

Pasaje de hoy

"Por esto el hombre dejará a su padre y a su madre, y se unirá a su mujer, y los dos serán un solo ser." Así que ya no son dos, sino un solo ser. Por tanto, lo que Dios ha unido, que no lo separe nadie.»

Mateo 19:5-6 (RVC)

Reflexiones

_____
_____
_____
_____
_____
_____
_____

tema de hoy

Ropas favoritas

Reflexiones

_____
_____
_____
_____
_____
_____
_____
_____

Agradecimientos

_____

_____

_____

_____

_____

_____

_____

Motivos de oración

_____

_____

_____

_____

_____

_____

_____

_____

_____

Decisiones del tema

_____
_____
_____
_____
_____
_____
_____

Ideas

_____
_____
_____
_____
_____
_____
_____
_____
_____

48

Pasaje de hoy

"14 El Señor añadirá sus bendiciones sobre ustedes
y sobre sus hijos.»

Salmos 115:14 (RVC)

Reflexiones

_____

_____

_____

_____

_____

_____

_____

_____

tema de hoy

Personas que influencian mi vida

Reflexiones

_____
_____
_____
_____
_____
_____
_____
_____
_____

Agradecimientos

_____

_____

_____

_____

_____

Motivos de oración

_____

_____

_____

_____

_____

_____

_____

Decisiones del tema

_____
_____
_____
_____
_____
_____
_____

Ideas

_____
_____
_____
_____
_____
_____
_____
_____
_____

Made in the USA
Middletown, DE
28 April 2022

64881996R00118